Pia Pedevilla

Hexenparty
Magische Ideen im Material-Mix

Pia Pedevilla

lebt in Bruneck (Südtirol). Sie studierte Kunst in Gröden und Werbegrafik in Urbino. Seit Jahren ist sie im Bereich der Illustration und des Designs für Kinder tätig, entwirft Holz- und Stoffspielzeug, didaktische Spiele für Kinder im Vorschulalter und Lichtobjekte. Viele Jahre hat sie an der Grundschule mit Kindern gebastelt und gemalt. Heute leitet sie Fortbildungskurse für Lehrer, interessierte Erwachsene und Kinder. Im frechverlag hat sie mehrere Bücher über verschiedene Arbeitstechniken veröffentlicht.
Mehr erfahren Sie unter
www.piapedevilla.com

Ein Dankeschön den kleinen Hexen Andrea, Alyssa, Kathrin und Shanti, die sich für das Foto auf Seite 23 und Seite 29 zur Verfügung gestellt haben und meiner Freundin Luisa, die sie geschminkt hat.
Die kleinen Pappmache-Kürbisse auf Seite 30/31 haben 13-jährige Schülerinnen und Schüler der Mittelschule St. Martin in Thurn/Südtirol gebastelt. Vielen Dank an Katia, Veronika, Anna, Evelyn, Christof, Valentina, Doris, Monika und Marina.

Die Anleitung für die kleine Windowcolor-Hexe finden Sie auf Seite 8, für das Hexen-Verkehrsschild auf Seite 18/19.

Text: Traudi Prenn
Fotos: frechverlag GmbH, 70499 Stuttgart;
Fotostudio Ullrich & Co., Renningen

Dieses Buch enthält:
2 Vorlagenbogen

Materialangaben und Arbeitshinweise in diesem Buch wurden von der Autorin und den Mitarbeitern des Verlags sorgfältig geprüft. Eine Garantie wird jedoch nicht übernommen. Autorin und Verlag können für eventuell auftretende Fehler oder Schäden nicht haftbar gemacht werden. Das Werk und die darin gezeigten Modelle sind urheberrechtlich geschützt. Die Vervielfältigung und Verbreitung ist, außer für private, nicht kommerzielle Zwecke, untersagt und wird zivil- und strafrechtlich verfolgt. Dies gilt insbesondere für eine Verbreitung des Werkes durch Film, Funk und Fernsehen, Fotokopien oder Videoaufzeichnungen sowie für eine gewerbliche Nutzung der gezeigten Modelle.

Auflage:	5.	4.	3.	2.	1.	Letzte Zahlen
Jahr:	2007	2006	2005	2004	2003	maßgebend

© 2003

ISBN 3-7724-3156-9 · Best.-Nr. 3156

frechverlag GmbH, 70499 Stuttgart
Druck: frechdruck GmbH, 70499 Stuttgart

Achtung, Hexen!

Ob zu Karneval, Fasching, Halloween oder in der Walpurgisnacht – Hexen haben das ganze Jahr über Saison.

Meistens sind Hexen böse, hässliche, alte Frauen, die eine dicke Warze auf der Nase haben. In diesem Buch finden Sie aber vor allem liebe Hexen, die gute Laune verbreiten.

Sie reiten in Vollmondnächten auf ihrem Besen durch die Luft, brauen mit vielerlei unbekannten Kräutern geheimnisvolle Zauberelexiere und treffen sich mit Dracula zum schaurig-schönen Tête à Tête. Zusammen mit dem krächzenden Raben und der giftgrünen Kröte laden sie zur Hexenparty ins gespenstisch dunkle Hexenschloss.

Neben originellen Bastelideen für magische Party-Dekorationen zeige ich Ihnen auch, wie Sie Speisen und Getränke auf Hexenart gestalten und sich selbst als echte Hexe verkleiden können.

Also auf zur Hexenparty!

Viel Vergnügen wünscht Ihnen

Ihre Grundausstattung

Hier werden nur die wichtigsten Grundmaterialien angeführt, die Sie immer zur Hand haben sollten. Die genaue Angabe der benötigten Materialien finden Sie bei den einzelnen Motiven.

- Festes Transparentpapier für Schablonen
- Filzstifte: schwarz, rot
- Buntstift: rot
- Lackstift: weiß
- Bleistift
- Schere, Nagelschere
- Cutter mit geeigneter Unterlage
- Nadel, Faden
- Klebstoff, Heißkleber
- Lineal, Zirkel
- Klebefilm
- Zahnstocher
- Prospekthülle
- Pinsel, Wasserglas

So geht's ...
... mit Papier

1. Die Vorlage wird mit Bleistift auf ein festes Transparentpapier übertragen und ausgeschnitten. Fertig ist die Schablone.

2. Die Schablone auf das Papier in der gewünschten Farbe auflegen, mit einem Bleistift umreißen und ausschneiden. Abgerundete Formen lassen sich leichter mit einer kleinen Nagelschere schneiden, gerade Schnitte am einfachsten mit einem Cutter. Dabei muss immer eine feste Unterlage verwendet werden und Kinder sollten damit nicht alleine arbeiten.

3. Mithilfe des Vorlagenbogens werden jetzt die Einzelteile positioniert, zusammengeklebt und dekoriert.

Gesichter gestalten

Die Gesichtslinien werden mit Filzstift gemalt, die Wangen mit rotem Buntstift gefärbt (dazu mit einem Messer etwas Farbe von der Stiftspitze schaben und mit den Fingern verreiben) und in die schwarzen Augen wird mit weißem Lackstift häufig ein Lichtpunkt gesetzt.

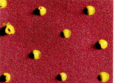

Gemusterte Kartone selber machen

Kartons, die wie gemusterter Stoff aussehen, kann man selber machen. Vor dem Ausschneiden werden mit Filzstiften oder Buntstiften beliebige Muster – Linien, Punkte, Kreise – aufgemalt. Sie eignen sich besonders für die Hexenkleider.

... mit Windowcolor

1. Wenn Sie die Motive auf einer Prospekthülle arbeiten, können Sie sie nach dem Trocknen leicht abziehen. Aus Mobilefolie müssen Sie das Motiv ausschneiden, dafür ist es stabiler. Legen Sie die Vorlage unter die Folie und zeichnen Sie die Kontur schwarz nach.

2. Nach dem Trocknen – die notwendige Zeit steht auf der Farbflasche – malen Sie die Felder aus.
Schattierungen entstehen, wenn Sie zwei Farben nass an nass nebeneinander setzen und mit einem Zahnstocher spiralförmig ineinander verrühren oder mit kurzen Strichen ineinander ziehen.

Tipp
In die noch nasse Farbe können Sie Farbpunkte setzen, Samtpulver einstreuen, Knöpfe oder Wackelaugen einlegen.

... mit Samtpulver

1. Motivteile, die mit Samtpulver gestaltet werden, werden zuerst satt mit Windowcolor bemalt und das Samtpulver wird sofort in die noch nasse Grundfarbe eingestreut.

2. Nach dem Trocknen – die Trockenzeit ist auf der Materialflasche angegeben – wird das überschüssige Pulver abgepustet und alle Reste mit einem feinen Pinsel entfernt. Gehen Sie dazu am besten ins Freie. Anschließend können alle übrigen Motivteile ausgemalt werden.

Zauberhut und Hexenspirale
TÜRSCHILD ODER FENSTERBILD, DREHFIGUR

Hexenspirale

Für die Hexenspirale wird die Tonkartonspirale ausgeschnitten. Mit Nadel und Faden wird die Halskrause dazugefädelt und dann das Hexenköpfchen (siehe unten). Durch die Hutspitze geführt dient der Faden zum Aufhängen. Auf der Spirale und dem Hut kleben noch einige gelbe Sterne.

Zauberhut

Für den Zauberhut wird der Hut aus schwarzem Tonkarton ausgeschnitten und an den angegebenen Linien aufgeschlitzt. Hier werden später die fertigen Hexenköpfchen eingeschoben – zwei unten, eins oben – und mit dem Halsteil dahinter angeklebt.
Bringen Sie das Willkommenschild und den großen Stern an.
Die Köpfchen werden aus hautfarbenem Tonkarton geschnitten, ein buntes Haarteil wird jeweils vorne, eines auf der Rückseite in der angegebenen Position (siehe Vorlagenbogen) angeklebt. Der kleine Hut mit aufgezeichneter Krempenlinie und eingeschnittenem Krempenschlitz wird darüber gesteckt und angeklebt. Malen Sie die Gesichter auf (siehe Seite 5) und setzen Sie eine rote halbierte Holzperle als Nase auf. Die Holzperlen lassen sich am einfachsten halbieren, indem man die Scherenspitze in die Öffnung einsticht und kräftig nach unten drückt. Die fertigen Köpfchen werden jetzt positioniert, durchgeschoben und fixiert. Sie bekommen noch eine karierte Halsschleife gebunden.
In die seitlichen Löcher wird der Aludraht eingesteckt, die Enden eingedreht und der Draht etwas zurechtgebogen. An ihm kleben gelbe Sterne.

Motivhöhe
ca. 20 cm

Material Drehfigur
- Tonkartonreste: schwarz, violett, gelb, hautfarben, hellgrün
- Tonpapierrest: rot
- Holzperle, ø 8 mm: rot

Vorlagenbogen 1A

Verspielte Hexenkinder

FENSTERBILDER (siehe auch Seite 3)

Die genaue Anleitung für die Arbeit mit Samtpulver und das Schattieren mit Windowcolor finden Sie auf Seite 5.

Das dritte Hexenkind ist auch auf Seite 3 noch einmal abgebildet. Alle zusammen ergeben eine lustige Gesellschaft am Fenster.

Motivhöhe
ca. 23 cm

Material
- Windowcolor-Konturenfarbe: schwarz
- Windowcolor: gelb, orange, rot, rosa, lila, violett, weiß, grau, hellgrün, grün, hellblau, blau, braun, kristallklar, hautfarben
- Samtpulver: schwarz, blau
- 2 Knöpfe, ø 10 mm: gelb

Vorlagenbogen 1A

Tipp
Wenn Sie die Motive auf Prospekthülle arbeiten, füllen Sie die kleinen Zwischenräume mit Kristallklar. So erhalten die Motive eine größere Stabilität.

Tontopfhexen
HÄNGER, BLUMENSTECKER

Motivhöhe
ca. 15 cm

Material pro Hexe
- Tontopf, ø 5 cm
- Holzperlen,
  5 x ø 12 mm, 1 x ø 8 mm,
  1 x 35 mm: natur
- Holzperle, ø 8 mm: rot
- Filzreste: schwarz, violett, orange, hellgrün
- Bindfaden, 60 cm lang
- Bast: natur
- Sisal: grün, rot-orange
- Dünner Silberdraht, 20 cm lang
- Acrylfarbe: schwarz
- Zackenschere
- Schaschlikstab

Vorlagenbogen 1A

Bemalen Sie den Tontopf mit schwarzer Acrylfarbe und malen Sie der großen Holzkugel das Gesichtchen auf. Als Nase wird eine rote Holzperle halbiert und aufgeklebt. Das Halbieren geht am einfachsten, indem man die Scherenspitze in das Loch einsteckt und mit einem festen Schlag nach unten drückt. Für die Haare wird etwas Sisal in der Mitte leicht zusammengebunden und aufgeklebt. Ein Bindfaden (36 cm lang) wird doppelt gelegt, am unteren Ende fest verknotet und eine Holzperle (ø 12 mm) aufgefädelt. Nun wird der Bindfaden von unten durch die Öffnung im Tontopf geführt. Gleich über der Öffnung wird wieder eine Holzperle (ø 8 mm) und darüber der Kopf aufgefädelt. Für Beine und Arme werden je zwei Holzperlen auf 12 cm lange Bindfäden geschoben und beide Enden fest verknotet. Die Arme werden um den Halsfaden geknüpft, die Beine am inneren Rand des Tontopfes mit Heißkleber fixiert. Der Filzumhang wird unten mit der Zackenschere zugeschnitten, am oberen Rand mit größeren Stichen ein Faden durchgezogen, dann um den Hals zusammengezogen und verknüpft. Der Filzschal wird umgeschlungen.

Die Hutkrempe wird auf die Haare geklebt, der Kegelansatz darauf gesetzt und der Kegel zusammengerollt. Das Ende wird aufgeklebt. Wenn der Hut nicht ganz regelmäßig gelingt, ist das sogar witziger. Ein zerknautschter Hut gibt der Hexe ein verwegenes Aussehen.

Für den Besen werden Bastfäden auf gleiche Länge geschnitten und mit etwas Silberdraht um ein Schaschlikstäbchen gebunden. Er wird mit Heißkleber am Tontopf angeklebt und los geht die Walpurga!

Tipp
Auf ein Holzstäbchen gesteckt, werden die Hexen zu Blumenstecker (siehe Skizze auf Vorlagenbogen). Damit die Einzelteile nicht verrutschen, müssen sie mit viel Heißkleber darunter fixiert werden.

Schaurig-schöne Gestalten
SÜSSIGKEITENBEHÄLTER

Motivhöhe
ca. 40 cm

Material Hexe
- Tonkarton, A3: violett
- Tonkartonreste: hautfarben, gelb, rot
- Tonpapierreste: hellgrün, orange
- Knopf, ø 20 mm: orange
- Filzstift: grün

Vorlagenbogen 1B

Die Körper werden aus Tonkarton ausgeschnitten und die Zackenlinie wird mithilfe von Zirkel und Lineal auf der Innenseite leicht angeritzt. Schließen Sie dann den Körper auf der Vorderseite, biegen Sie die Zacken nach innen und kleben Sie diese an der runden Basis (ø 11,1 cm Hexe, ø 6,1 cm Dracula) fest.

Motivhöhe
ca. 20 cm

Material Vampir
- Tonkarton, A3: schwarz
- Tonkarton, A4: weiß
- Tonkartonreste: rot
- Chenilledraht, 25 cm lang: rot
- Knopf, ø 20 mm: rot
- Buntstift: blau

Vorlagenbogen 1B

Hexe
Bei der Hexe wird der Kopf mit dem Hals durch die Schlange gesteckt und auf der Kleiderrückseite angeklebt. Die Schlange erhält zuvor ein Auge aufgeklebt und grüne Punkte aufgemalt. Um so zerbeult auszusehen, wird der Hut an den gestrichelten Linien entlang mithilfe von Lineal und Zirkel leicht angeritzt und dann ziehharmonikaartig gefaltet. Der Hut wird noch mit dem Band und dem Stern geschmückt. Die orangefarbenen Haare mit den aufgemalten Strähnen werden von der Rückseite fixiert.

Vampir
Dracula bekommt ein weißes Hemd und die Fliege aufgeklebt. An der Rückseite wird der rote Chenilledraht mit Heißkleber fixiert, an seinen Enden kleben die weißen Handschuhe, und darüber fixieren Sie den schwarzen, wehenden Mantel.
Das Gesicht bekommt die schwarze Haube und die Nase aufgeklebt. Bevor die Augen aufgeklebt werden, schattieren Sie die Augenpartie leicht mit blauem Buntstift. Dazu schaben Sie mit der Schere etwas Farbe von der Buntstiftspitze und verreiben sie.

In der Hexenküche
FENSTERBILD

Das Fensterbild kann auf einer Prospekthülle gearbeitet, nach dem Trocknen abgezogen und an das Fenster gestrichen werden. Da teilweise schmale Teile gemalt werden und so Zwischenräume entstehen, erhält das Bild größere Stabilität, wenn Sie die Zwischenräume mit Kristallklar ausmalen.

Wenn Sie das Bild auf Mobilefolie arbeiten, können die Konturen nach dem Trocknen ungefähr ausgeschnitten werden. Das Motiv dann an einem Nylonfaden aufhängen.

Hut und Kessel werden mit Samtpulver gemacht. Die Arbeitsanleitung dazu und für das Schattieren mit Windowcolor steht auf Seite 5.

Motivhöhe
ca. 37 cm

Material
- Windowcolor-Konturenfarbe: schwarz
- Windowcolor: gelb, orange, rot, rosa, lila, violett, weiß, grau, hellgrün, grün, hellblau, blau, braun, kristallklar, silber, hautfarben
- Samtpulver: schwarz

Vorlagenbogen 1B

Motivhöhe
ca. 33 cm

Material
- Tonkarton, A4: hellgrün, schwarz
- Tonkartonreste: hautfarben, blau, gelb, hellbraun sowie rot, weiß (Kürbiskatze)
- Tonpapierreste: violett, lila, beige, grau, weiß
- Plusterstifte: rot, hellblau, gelb, rosa, orange
- Knopf, ø 15 mm: gelb
- Plüschpompon, ø 10 mm: rot

Vorlagenbogen 2B

Trauriges Hexlein
FENSTERBILD

Für den Hexenrock wird ein hellgrünes Tonkartonstück vor dem Ausschneiden mit Buntstiften gemustert (siehe Seite 5) und mit den Flicken beklebt. Auf dem Rock klebt das blaue Hemdchen mit den weißen Rüschenärmeln, hinter denen die Arme fixiert sind. In einer Hand klebt der Besenstiel mit dem gelben Strohteil. Dem Köpfchen wird das schwarze Haarteil aufgesetzt, der Knochen quer dahinter geklebt und das Gesicht gefertigt (siehe Seite 5). Um den Hals wird eine bunte Krause fixiert. Rot-weiß bemalte Ringelstrümpfe mit aufgesetzten schwarzen Schuhe kleben hinter dem Rock.
Die kleinen Einzelheiten wie Haarteillinien, Besenband, Farbpunkte auf Flicken, Kragen und Bluse sind mit einem Plusterstift aufgemalt. Die zusammengeklebten Fledermäuse und die kleine Maus können dazugehängt oder aufgeklebt werden.

Tipp
Für Rock und Flicken können auch gemusterte Kartone verwendet werden.

Katze

Die schwarze Katze ist aus Tonkarton ausgeschnitten, die weißen Linien werden mit einem Lackstift aufgemalt. Die Augen aus gelbem Tonkarton werden mit einer Pupille versehen und aufgeklebt.
Auch bei der Kürbiskatze (siehe Seite 30) wird der Mund aufgemalt, Nase und Augen aus Tonkartonresten aufgeklebt. Hinter Kopf und Pfoten Zahnstocher fixieren und in den Kürbis einstecken.

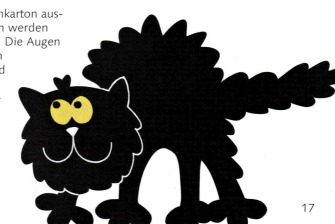

Walpurgisnacht
FENSTERBILDER, FLEDERMAUSKETTE, VERKEHRSSCHILD (Seite 3)

Motivhöhe
Fledermaus ca. 12 cm

Material Fledermausgirlande
- Tonpapier, A5 (pro Vogel): schwarz
- Tonkartonrest: gelb
- Bindfaden: rot
- Miniwäscheklammern, 25 mm lang

Vorlagenbogen 2A

Motivhöhe
ca. 60 cm

Material Hexenschloss
- Tonkarton, 50 cm x 70 cm: schwarz
- Tonkarton, A3: gelb
- Tonpapier, A4: schwarz
- Regenbogentonkarton, 50 cm x 70 cm
- 2 Miniwäscheklammern, 25 mm lang
- Kohlepapier

Vorlagenbogen 2A

Motivhöhe
ca. 38 cm

Material Hexenverkehrsschild
- Tonkarton, 50 cm x 70 cm: weiß, rot
- Tonpapier, A4: schwarz
- Holzstab, ø 8 mm, 1 m lang
- Acrylfarbe: schwarz

Vorlagenbogen 2A

Fledermausgirlande
Für die Fledermausgirlande wird für jede Fledermaus das Tonpapier mittig gefaltet und der Nachtvogel darauf übertragen. Nach dem Ausschneiden wird jedes Tier mit einer Wäscheklammer kopfüber an einer Leine befestigt.

Hexenschloss
Das Hexenschloss lässt sich am einfachsten auf Tonkarton übertragen, indem man Kohlepapier auflegt, die Vorlage darüber mit etwas Klebestreifen fixiert und die Umrisse nachfährt. Die Konturen werden genügend sichtbar. Mit einem großen Bogen Transparentpapier kann aber auch eine Schablone angefertigt werden. Die Umrisse werden mit der Schere ausgeschnitten, gerade Linien mit dem Cutter auf einer feste Unterlage. Dieser gehört aber nicht in Kinderhände!
Die Fensterbeleuchtung sind orange-gelbe Teile aus Regenbogentonkarton, die dahinter angeklebt werden. An dem schmalen Streifen zwischen den Türmen hängen mit Wäscheklammern zwei gelbe Strümpfe, deren Muster mit Filzstift aufgemalt wird. So klebt das Hexenschloss in einer Fensterecke.
Die Hexe wird aus Tonpapier ausgeschnitten und auf den gelben Mond geklebt.

Hexenverkehrsschild (Seite 3)
Für das Hexenverkehrsschild wird das Dreieck aus weißem Tonkarton auf das rote geklebt. Die Hexe aus Tonpapier ausschneiden und aufkleben. Der Holzstab wird schwarz bemalt und mit Heißkleber am Schild fixiert.

Leckeres für die Hexenparty
LECKEREIEN, GLASDEKORATION

Material und Zutaten
- Plastikspinne, ø 2 cm
- 2 Schokoküsse
- Marzipan, helle und dunkle Schoko-Kuchenglasur, Puderzucker, Pistazien
- Lebensmittelfarbe: gelb, grün, rot
- Je 1 Kuchen, ø 25 cm, ø 15 cm, Lebkuchen mit weißer Glasur
- Windowcolor-Konturfarbe: schwarz
- Windowcolor: weiß, gelb, orange, rot, hautfarben
- Küchenpinsel, Sieb

Vorlagenbogen 2A

Gläser
Die Gläser werden mit Windowcolor-Motiven verziert. Das Spinnennetz wird direkt auf das Glas gemalt, die Vorlage dazu wird mit etwas Klebestreifen im Glasinneren fixiert.
Schlange, Pilz und Flammen werden auf Prospekthüllen gemalt und nach dem Trocknen auf Gläser und Flaschen gestrichen. Diese sind mit Orangen- und Minzesaft gefüllt.

Schokoküsse
Auf den Schokoküssen sitzen Marzipanspinnen. Dafür wurde dem Marzipan Puderzucker und grüne Lebensmittelfarbe beigemengt, das Ganze gut verknetet und geformt. Zuerst werden je acht Spinnenbeine aufgesetzt, darüber der Spinnenkörper mit Augen und Schokoglasurpupille.

Kuchen
Auf dem kleinem Kuchen, der mit heller Glasur überzogen wurde (siehe Herstellerangaben), liegt eine grüne Marzipanschicht. Sie wird wie die Spinnenmasse hergestellt und mit einem Rundholz zur gewünschten Dicke ausgetrieben. Der helle Lebkuchen wird mit roter Lebensmittelfarbe und Pinsel bemalt, aufgelegt und mit einem Marzipanstück, das mit Kakaoglasur bestrichen wurde, belegt. Ringsum werden die Pistazien aufgestreut.

Der größere Kuchen wird mit dunkler Glasur überzogen (Gebrauchsanweisung auf der Packung befolgen). Nach dem Trocknen wird aus Transparentpapier die Fledermausschablone ausgeschnitten. Diese wird auf den Kuchen aufgelegt, mit einem Sieb Puderzucker darüber gestreut und die Schablone vorsichtig abgehoben.
Die Augen des Nachtvogels bestehen aus Marzipan mit Pupillen aus Kakaoglasur.

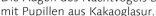

Auf zur Hexenparty!
VERKLEIDUNG, SCHMUCK

Material Verkleidung
- Tonkarton 50 cm x 70 cm (pro Hut): schwarz
- Selbstklebende Hologrammfolie, A4: pink, blau oder orange, grün
- Diverse Schminkfarben
- Haarspray: violett, grün, orange
- Schaschlikstäbchen

Vorlagenbogen 2A

Verkleidung

Für den Hut wird eine runde Hutkrempe (ø 35 cm) mit dem Innenkreis (ø 20 cm) und den dreieckigen Aufsatz mit angeschnittenen Zacken (siehe Vorlage) ausgeschnitten. Biegen Sie die Zacken hoch, stecken Sie das Teil in die Krempenöffnung und kleben Sie die Zacken rundum an der Unterseite fest. Schließen Sie den Seitenrand und bringen Sie bunte Sterne aus Hologrammfolie an.

Die Hexen werden zuerst frisiert und die Haare mit einem farbigen Haarspray eingesprüht. Die Hexengesichter werden dann mit einem Schwämmchen mit wasserlöslicher weißer Schminkfarbe grundiert. Der orange, violette oder grüne Lidschatten und die Lippenfarbe sind mit einem Pinsel aufgetragen, Spinnennetz, Spinne und Blitz mit einem dünnen Haarpinsel auf der Grundierung gemalt.
Schwarze Kleider mit zusätzlichen bunten Tüllbändern machen die Hexen partyfein!

Für den Hexenstab wird die Hologrammfolie auf einem Kartonstern geklebt und dieser an einem Schaschlikstäbchen befestigt.

Material Spinnenohrringe
- Plusterstifte: schwarz, weiß
- 1 Paar Ohrhaken: silber

Vorlagenbogen 2A

Spinnenohrringe

Für die Spinnenohrringe wird die Vorlage unter eine Prospekthülle gelegt und die Spinnen werden dick mit Plusterfarbe gemalt. Die Farbe sollte kurz antrocknen, bevor Augen und Pupillen aufgesetzt werden. Nach dem Trocknen der Farbe (ca. sechs Stunden) werden die Spinnen von der Folie gelöst und im Backofen nach Herstellerangaben aufgeplustert. Zuletzt wird der Ohrhaken durchgestochen und das Endstück gut zusammengebogen.

Tischdekoration

EINLADUNGS-, TISCH-, PLATZKARTE, TEELICHTER, LATERNE

Spinnenteelicht

Für die Teelichter-Spinnen werden auf beiden Seiten (siehe Vorlagenbogen) vier Beinchen an den Tonkartonstreifen geklebt und der Streifen dann um das Teelicht gelegt und fixiert. Die Beinchen können mit den Fingern leicht zurechtgebogen werden. Die zwei Augen mit schwarzer Pupille werden etwas erhöht angeklebt.

Motivhöhe
Laterne ca. 18 cm

Material Laterne
- Laternenset
- Wellpappe, 2 x 55 cm x 2 cm: schwarz
- Transparentpapier mit Spinnenmuster: orange
- Tonkarton, 55 cm x 4 cm: orange
- Je 6 Holzperlen, ø 10 mm: gelb und ø 4 cm: rot
- Zackenschere

Vorlagenbogen 1A

Motivhöhe
Hexe ca. 17 cm

Material pro Hexe
- Tonkartonreste, schwarz, weiß, violett, hautfarben
- Tonpapierrest: hellgrün
- Chenilledraht, 60 cm lang: schwarz
- Klebepunkt, ø 8 mm: rot

Vorlagenbogen 1A

Motivhöhe
Rabe ca. 14 cm

Material pro Rabe
- Tonkartonrest: schwarz, weiß
- Regenbogen-Tonkarton-rest: gelb-orange
- Ggf. Klebepad

Vorlagenbogen 1A

Laterne

Das Transparentpapier wird zu einem 55 cm langen und 16 cm hohen Streifen geschnitten, um den Schachtelring oben herumgewickelt, mit Heißkleber daran fixiert und am Ende geschlossen. Oben und unten wird ein Streifen schwarze Wellpappe herumgeklebt, der oben noch auf einem orangen, zackig geschnittenen Tonkartonstreifen klebt. Auf den Tragebügel werden abwechselnd eine kleine und eine große Holzperle aufgefädelt, dieser dann an den Seiten innen durchgestochen und seine Enden leicht nach oben gebogen. Ein eingestelltes Teelicht bringt die Laterne zum Leuchten.

Platzkarte

Für die Hexen-Platzkarte das doppelte Dreieck ausschneiden, oben ein Loch stechen und ein kleines Stück Chenilledraht einstecken und fixieren. Das Köpfchen besteht aus zwei deckungsgleichen Teilen, zwischen welche das Halsstück eingeklebt wird. Vorher muss das Gesichtchen gezeichnet werden. Für die giftgrünen Locken werden sechs Tonpapierstreifen eng um einen Zahnstocher gewickelt, kurz festgehalten und dann zurechtgezogen. Sie kleben am Köpfchen und darüber wird beidseitig ein schwarzes Hutteil geklebt. Für die Arme wird ein Chenilledraht eingeklebt, in Form gebogen und daran klebt das beschriftete Namensschild. Über den Hals ist noch ein violetter Kragen geklebt. Aus dem Kleidchen hervor schaut ein violetter Spitzenunterrock, der unten mit der Zackenschere geschnitten wird.

Einladungskarte

Für die Rabenkarte wird der ausgeschnittene Körper entlang der gestrichelten Linie nach innen gebogen. Für eine saubere Faltkante wird die Linie zuerst an einem Lineal entlang mit der Zirkelspitze leicht angeritzt. Das weiße Brustteil wird aufgeklebt und dazwischen werden gleichzeitig die Füße – aus Regenbogentonkarton geschnitten – eingelegt und so fixiert. Der Rabe erhält noch einen Schnabel aufgeklebt (ggf. mit einem Klebepad) und zwei Augen mit aufgemalter schwarzer Pupille.

tivhöhe
pinne ca. 4 cm

terial pro
nnenteelicht
Tonpapierrest:
schwarz
Tonkartonrest:
weiß
Farbiges Teelicht
lagenbogen 1A

25

Partytime
TÜRSCHILD UND EINLADUNG

Motivhöhe
Türschild ca. 44 cm

Material pro Hexe
- Tonkarton, A4: violett, weiß
- Tonkartonreste: hautfarben, schwarz, gelb, orange, hell-, mittelgrün, rot, hellblau
- Filzstift: grün
- Buntstifte: weiß, blau, lila
- Aludraht, ø 1 mm, 10 cm lang: silbern
- Dünner Blumendraht, 20 cm: braun
- Bindfaden, 50 cm lang
- Bast: natur
- Ast, ca. 30 cm lang
- Klebepads

Vorlagenbogen 2B

Motivhöhe
Karte ca. 17 cm

Material Froschkarte
- Tonkartonreste: hellgrün, gelb, schwarz, violett, weiß, lila

Vorlagenbogen 2B

Türschild
Für das Hexentürschild wird das violette Kleid mit Buntstiften gemustert (siehe Seite 5) und dann ausgeschnitten. Nun wird das Gesicht gezeichnet, die Nase mit einem Klebepad aufgesetzt und der Kopf hinter das Kleid geklebt. Ein rotes Haarteil wird darüber, eines dahinter fixiert und die grünen Schalteile werden aufgesetzt.
Der Hut besteht aus mehreren Teilen, die übereinandergesetzt werden. Am Zipfel hängt ein Stern, der mit Heißkleber an einem Stück Aludraht fixiert ist.
Dem Kleidchen werden die Ärmel gezeichnet und an der gestrichelten Linie entlang mit dem Cutter eingeschnitten. Dort werden die Hände eingeschoben und angeklebt. Die weißen Beine erhalten rote Ringelsocken gemalt, darüber kleben die Schuhe.
Der Hexenbesen ist ein Ästchen mit umgebundenen Bastfäden. Er wird hinter der Figur auf Handhöhe angeklebt und das Kleidchen leicht darüber gebogen, so dass die Hexe darauf zu sitzen scheint.
Der Kürbis ist mit einem schwarzen Filzstift bemalt. Er erhält weiße Lichtpunkte in den Augen, gerötete Wangen (siehe Seite 5) und ein grünes Krautteil angeklebt.
Dem Partyschild wird mit Filzstift ein roter Rand gemalt. Das Schild wird gelocht, der Bindfaden beidseitig durchgezogen, verknotet und am Ast angehängt.
Der Frosch besteht aus einem Stück. Die schwarzen Linien sind aufgemalt, die weißen Augenkreise und der schwarze Hut sind aufgeklebt. Entlang der gestrichelten Linie werden seine Beinchen eingeschnitten, über den Besen gebogen und angeklebt.

Einladungskarte
Wie oben beschrieben wird der Frosch auch für die Einladungskarte angefertigt. Für die Karte das lila Rechteck an der Linie entlang nach oben biegen und dieses Teil mit gelbem Tonkarton überkleben, der vorher beschriftet wurde. Dahinter den Frosch fixieren. Ein Stoffflicken vom Hexenkleid klebt am oberen Kartenrand.

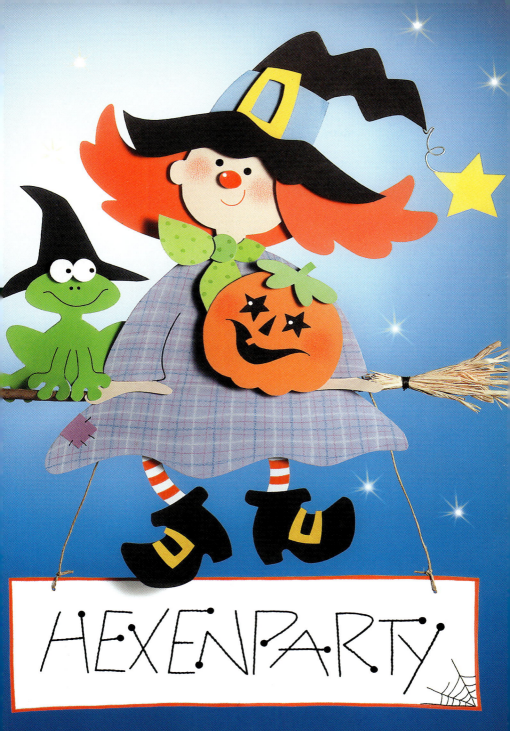

Material Fotoalbum

- Tonkarton, A4: weiß, schwarz, 2 x orange
- Tonkartonrest: gelb
- Fotoalbum: 24 cm x 34 cm
- Motivkartonrest mit schwarzem Gruselwald: weiß
- Motivkarton mit schwarzen Spinnen, A4: weiß
- Aludraht, ø 1 mm, 15 cm lang: schwarz
- Zackenschere
- Foto

Vorlagenbogen 2B

Material Rahmen

- Tonkarton, A4: weiß, hellorange, orange
- Motivkartonrest mit schwarzem Gruselwald: weiß
- Foto

Vorlagenbogen 2B

Erinnerungsfotos

FOTOALBUM (SCRAPBOOK), FOTORAHMEN, FOTOKLAMMER

Fotoalbum

Für das Fotoalbum die „Hexe" aus dem Foto ausschneiden und auf orangefarbenen Tonkarton kleben. Dieses Teil klebt wiederum auf weißem Tonkarton, von dem ein schmaler Rand sichtbar bleibt und dann noch auf dem schwarzen Grund, dessen Rand zackig geschnitten wird.

Der Motivkarton mit Spinnen wird auf einen orangefarbenen Tonkarton aufgesetzt und dessen Ränder zackig geschnitten. Dieses Teil klebt auf dem Cover und das Fototeil wird darüber positioniert und fixiert. Die Eule ist aus einem Motivkarton geschnitten, der gelbe Stern klebt an einem gedrehten Stück Aludraht, dessen Ansatz angeklebt wird.

Bilderrahmen

Für den Bilderrahmen können Sie eine Kopie der Vorlage machen, dann haben Sie bereits das Teil mit dem schwarz-weißen Rand. Auf dieses wird ein orangefarbenes Quadrat aufgesetzt und darauf klebt das Foto. Das Ganze klebt auf hellorangefarbenen Tonkarton, dessen Ränder wellig geschnitten werden.

Die schwarze Katze wurde aus einem Motivkarton ausgeschnitten.

Fotoklammer

Für die Fotoklammer kleben Sie dem Mond ein orangefarbenes Haarteil und darüber den schwarzen Hut mit violettem Band auf. Unter der Hutspitze klebt ein eingedrehtes Aludrahtstück mit einem Stern. So wird er auf der schwarz bemalten Wäscheklammer fixiert, die ein Foto hält.

Material Hexenklammer

- Tonkartonreste: schwarz, orange, gelb, violett
- Wäscheklammer; 45 mm lang
- Aludraht, ø 1 mm, 15 cm lang: schwarz

Vorlagenbogen 2B

Kürbislaternen
HALLOWEEN-DEKORATION

Laternen

Für die Pappmaché-Kürbisse wird der Tapetenkleister nach Angaben des Herstellers angerührt und der Luftballon auf die gewünschte Größe aufgeblasen und verknotet. Das orange-gelbe Transparentpapier wird in kleine Stücke gerissen (ca. 4 cm x 4 cm) und mit den Händen auf den Ballon gekleistert. Kleben Sie fünf bis sechs Schichten übereinander. Für den Stielansatz wird ein Stück grünes Papier zusammengerollt, mit grünem Transparentpapier überkleistert und mit einem Papierstück über den Ballonknoten geklebt. Auch das überzogene Tonpapierblatt klebt so am Kürbis sowie ein Chenilledrahtstück, das überklebt, um den Finger gewickelt und dann aufgeklebt wird. Das Ganze muss jetzt zwei bis drei Tage trocknen. Die Schablonen für die Augen- und Mundformen können ausgeschnitten oder selber entworfen werden. Sie werden mit etwas Klebestreifen aufgesetzt und die Form wird mit einer Stopf- oder Prickelnadel ausgestochen und eventuell mit einer Nagelschere sauber nachgeschnitten. Wenn man den Boden abschneidet, kann ein kleines Teelicht auf einem Teller eingestellt werden. Diese Laterne darf aber nie ohne Aufsicht brennen, die Ausschnitte müssen groß sein, damit die Wärme entweichen kann und die Laterne muss mindestens 25 cm bis 30 cm hoch sein.

Den Kürbisköpfen kann auch ein Hut aufgesetzt werden. Der schwarze Hut (siehe Seite 23) bekommt ein grünes Juteband umgeschlungen, das von Satinband gehalten wird. Ein Holzkürbis nach Belieben und einige eingeklebte Basthaare vervollständigen den Kopf.

Motivhöhe
Hexenwindlicht ca. 2!

Material pro Kürbislaterne
- 2 Bögen Transparen papier: orange-gelb
- Luftballon
- Tapetenkleister
- Fester Tonkarton, A
- Tonkarton, A2: schw (nur Hexenhut)
- Tonpapierrest: weiß orange
- Juteband, 4 cm brei 1 m lang: hellgrün
- Satinband, 8 mm br 30 cm lang: grün
- Bast: natur
- Chenilledraht, 30 cm lang: grün
- Stopf- oder Prickeln
- Ggf. Teelichter, Holzstreuteil: Kürbis

Vorlagenbogen 1B

Die Anleitung für die Kürbiskatze finden Sie auf Seite 17, die Vorlage auf Vorlagenbogen 1B.

Hexenlichter
KERZEN GESTALTEN

Material
- Je 1 Kerze, ø 9 cm, 12 cm hoch; ø 4,5 cm, 15 cm hoch
- Wachsmalstift: schwarz, grün, rosa, violett, rot, gelb, weiß, orange
- Wachsplatte, 20 cm x 10 cm: transparent

Vorlagenbogen 2B

Die Wachsplatte mit etwas Klebestreifen auf die Vorlage legen und das Motiv mit schwarzen Wachsstift konturieren, trocknen lassen und die Flächen mit einem Wachsmalstift ausmalen. Nach dem Trocknen wird das Motiv mit der Schere ausgeschnitten und mit den Händen an die Kerze gestrichen. Durch die Handwärme wird das Wachsmotiv fixiert.
Die Raben können direkt auf die Kerze gemalt werden, oder man schneidet die Vorlage aus, legt sie auf, überträgt mit einem Bleistift die Konturen und fährt sie dann mit dem Wachsmalstift nach.